RECORTES DA VIDA

Produção e divulgação: Expressa Empreendimentos
www.expressamarketing.com.br

Arte de capa: Aline Souza

Diagramação: Richard Souza

Oliveira, Angela Maria de Almeida
    Recortes da Vida / Angela Maria de Almeida
Oliveira. -- 1. ed. -- Rio de Janeiro :
Expressa Empreendimentos, 2022

    ISBN

    1. Poesia brasileira I. Título.

B869.1   CDD-808.81

Angela Oliveira

RECORTES DA VIDA

DEDICATÓRIA:

"Recortes da Vida" é um livro dedicado a quem percebe que existe, e haverá sempre, um lugar para os versos em nossas vidas. Até porque, viver é também um belo ato de resistência, coragem, amor e poesia.

Sumário

PREFÁCIO

A vida é repleta de momentos e cada momento é único.

Alguns momentos são felizes, outros tristes. Alguns são marcados por fatos de relevância nacional ou internacional, outros são marcantes apenas para um indivíduo, um casal ou para um pequeno grupo.

Assim é a vida: uma coletânea de momentos diferentes que nos marcam de diferentes formas.

No livro Recortes da Vida, a autora presenteia o leitor com uma coletânea de momentos variados, recortados da vida e apresentados em poesia.

Com grande diversidade de temas, o leitor é continuamente instigado a seguir para a surpresa que o aguarda na próxima poesia.

Richard Souza

Tecer bons votos e acalentar grandes esperanças para cada novo ano que começa é uma tradição muito conhecida e valorizada por todo o nosso povo brasileiro; povo que acredita sempre; que espera e merece o melhor.

A cada época, dentro da realidade que a constitua, cabe uma emoção diferente ao se abrir a porta para o Ano Novo. Mas os sonhos e votos se repetem, adequando-se à realidade vigente.

A poesia "FELIZ 2.016!!!" nasceu em uma dessas ocasiões tão especiais.

FELIZ 2.016!!!

O Ano Novo chegou
E foi bom vê-lo nascer.
O pensamento voou;
Orei por nosso viver.

Pelo bem de cada amigo,
Por todo parente amado,
E por qualquer inimigo
Que eu tenha conquistado.

Sejamos todos felizes,
Quer muito longe ou bem perto.
Na vida, bons aprendizes
Buscando o caminho certo.

Que dois mil e dezesseis
Seja muito abençoado.
Só vitórias tenham vez,
Nesse ano iluminado
Onde saúde, amor, paz,
Tenham lugar destacado.

Às vésperas de ingressarmos no ano de 2.021, o Coronavírus submetia o mundo a uma guerra cruel, desigual e insana. Muitas vidas haviam sido perdidas; muitos lares estavam destroçados. Ainda assim, era preciso manter aceso o farol da esperança e o anseio por dias melhores.

A poesia "FELIZ 2.021!" nasceu em meio a essa difícil realidade.

FELIZ 2.021!

Um ano novo começa…
Que possamos abraçar
As promessas desse tempo
Que haverá de chegar.

Cada esperança se torne
A mais completa verdade.
Assim, todo sonho bom
Irá ser realidade.

A Ciência vença o vírus,
E a Covid pereça!
Dos heróis da pandemia
O povo jamais esqueça.

Enfim, na linha de frente,
Muitos tombaram lutando.
Futuro pra humanidade
Era o que estavam buscando.

Façamos a nossa parte.
Desejo que jamais falte
A luz maior, o amor
Capaz de amenizar
Males, tristeza e dor.

Que o bem marque presença;
A empatia floresça.
Onde pulse um coração,
A bondade prevaleça.

Um ano de luz e paz
A todos nós aconteça.

Chegamos ao ano de 2.021 ainda sob a grave ameaça que o Coronavírus impõe ao mundo, sem permitir exceções.

A pandemia desrespeitou, invadiu e assolou os países mais ricos; tripudiou sobre os países emergentes onde marcou sua presença com acinte; massacrou os países mais pobres, sem dó ou piedade. Vidas humanas foram, e continuam sendo diariamente ceifadas pelo arrogante vírus.

A humanidade foi posta de joelhos pelo inimigo cruel, poderoso e invisível.

A poesia "Dias Melhores Virão" nasceu em meio a esse contexto.

DIAS MELHORES VIRÃO

A vida nos traz surpresas;
Podem ser boas ou más.
Algumas plantam sorrisos;
Outras roubam nossa paz.

O mundo globalizado,
Atuante, agitado,
Seguia sua rotina
Quando foi impactado
Pela grave pandemia.

Chegou o Coronavírus.
Entrou, derrubando a porta.
Tomou o primeiro mundo
E foi ampliando a rota.
Vilão digno de nota!

Vírus com nome escolhido
Por ter "coroa real",
Foi se democratizando
Enquanto espalhava o mal.

Em cada país da Terra
Onde houvesse vida humana,
Ele semeou a dor;
Impôs uma guerra insana.

O inimigo invisível,
Forte e desconhecido,
Provou que o mundo não vira
Algo sequer parecido.
A vacina, o contra-ataque,
Não fora então concebido.

O vírus com sua ira,
Galopante prosseguiu.
Logo invadiu nossa terra;
Tomou de assalto o Brasil.

Nessa luta desigual,
Muita gente sucumbiu.
Em meio a dor e tristeza,
O povo não mais sorriu.

Nós vimos chegar o tempo
De grande revelação.
Cada ser mostrou a face;
Expôs o seu coração.

A nova realidade
Cobrava ter empatia
E proteger seu irmão.
Mas, muitos disseram… NÃO!

Uma grande maioria
Respondeu bem diferente.
Colaborou noite e dia
Pelo bem de toda gente.

Cientistas, mundo afora,
Num só labor, com vontade,
Somaram horas de esforço
Para chegar ao esboço
Da arma contra a Covid,
Em prol da humanidade.

E tudo era tão novo!…
Ao mesmo tempo, premente.
Descobrir uma vacina
Tornara-se mais que urgente.

O povo infectado
Lotava cada hospital.
Sabia-se muito pouco
Sobre o temido rival;
O vírus que, como louco,
Impunha força letal.
Ataque descomunal!

O caos mostrou-se instalado.
Já faltava sepultura.
O cidadão consternado,
Ao seu pesar abraçado,
Resistia com bravura.

Profissionais da Saúde
Batalhavam duramente.
Arriscavam suas vidas
Nessa luta comovente.
Muitos deixaram seus lares
Pra viver nos hospitais.
Reunidos aos seus pares,
Tornavam-se colossais.
Em outras atividades,
Entre as essenciais,
Garis, caixas, motoristas,
Porteiros e estoquistas,
Diferentes, mas iguais,
Mantiveram-se na lida;
Não nos faltaram jamais.

Um tempo ameaçador
Compunha a vida diária.
A solução parecia,
Na corrida pela vida,
Na vitória pretendida,
Ser mesmo retardatária;
Uma triste visionária.

Enfim, grandes cientistas
Descobriram a vacina!
E ter a vida ceifada
Já não é mais uma sina.

Mantendo todo o cuidado,
Com máscara, álcool em gel;
Tendo sido vacinado
Contra o vírus cruel,
Respira aliviado
O cidadão dedicado
Que à Ciência é fiel.

Vacinação no Brasil,
Ainda que lentamente,
Cresce em percentual,
Sendo aos fatos inerente.

Reduz a mortalidade
E a nova realidade
Nos dá um claro sinal:
Podemos vencer o mal!

E o mundo que precisava
Ser visto pela janela
Está agora mais perto;
Já não é uma quimera.
Melhores dias virão!
Logo será primavera.
Um futuro nos espera.

Às vezes, é preciso emprestar alguma leveza a desafios que se apresentem e nos aflijam. Procurar rir deles, e de si mesma, pode ser uma boa opção. Foi o que resolvi fazer, quanto às minhas limitações para fazer bom uso do computador, da internet, e do mundo virtual. Assim nasceu a poesia "Foi ela quem começou!..."

FOI ELA QUEM COMEÇOU!...

Muita coisa nessa vida
Eu já deixei de fazer
Só porque a internet
Insiste em me aborrecer.

Por vezes, escritos somem.
-Mas digitei bem aqui!!!
Reclamo! Quem sabe, ela
Do outro lado sorri.

Se quero "entrar num site",
Fingindo ser bem esperta,
Ela faz ser impossível
Encontrar a forma certa.

No campo do comentário
Já conheci dissabor,
Que excede o imaginário,
Usando o computador.

Um dia, cliquei bem forte
Na "carinha sorridente",
E foi como se marcasse
A de pranto comovente!

Fez parecer o contrário!...
Quem viu, pensou que marquei
A carinha de tristeza
(Total indelicadeza)
Quando eu quis "comentar"
Um casório que amei.
Quando percebo, eu corrijo;
Mas não sou eficiente.
Talvez deixe gente amiga
Muito mais que descontente.

Às vezes, "estou no *Face*";
Escrevo um comentário.
Ela pergunta se eu
Desejo mesmo sair;
Diz que eu não concluí.
Mas sei que tudo escrevi!
Talvez me julgue um otário
Do tal "conto do vigário"...
Opinião não pedi!!!

Se tento partir pra briga,
A coisa fica bem feia.
Ela vence e me obriga
A pedir ajuda alheia.

Chegando a "cavalaria",
Tudo funciona bem.
Computador, internet,
Não implicam com ninguém!

Eu não me dou por vencida;
Apresento a minha lista
Cheia de reclamação!
Não importa quanto insista.
A minha causa é revista
Mas não consigo adesão.

Pra jovens, computador
É algo tão natural!...
Neles, parece compor
Vestimenta casual.

Talvez nem consigam crer
Na minha dificuldade;
E chamá-los pode ser
Visto como: "É saudade!"

Mas buscam me atender;
Explicam sobre "janelas".
Tentam fazer compreender
"Ícones, site, botões"...
Guardo partes bem singelas
De tantas informações.
Eu escuto, sem ouvir,
As suas explanações.

Sabem, antes da partida,
Que voltarei a chamar.
Mas, não sou causa perdida;
Ainda vou triunfar!

Um dia, a máquina ligo;
Uso! Faço o que quiser!
E horas depois desligo,
Sem um errinho sequer!!!

Me aguarde a internet!..
E você, computador!...
Em nossa luta diária
Só cabe um vencedor.
Será meu bom desempenho!
Seja lá quando isso for...

A poesia "Que Pena!..." nasceu da tristeza frente a injustiças narradas por alguém que desabafa exigindo segredo, e da ternura necessária a confortar quem talvez escolha não se dar conta da realidade.

É possível abraçar, confortar, e respeitar o tempo que cada pessoa precisa para enxergar o seu mundo.

QUE PENA!...

Eu tenho pena de gente
Que "faz sempre tudo errado."
Não importa o quanto tente,
Todo o esforço empenhado
Resultará fracassado!

Se há problemas com algo
Ou alguém do seu caminho,
Para lhe por toda a culpa
Darão, por certo, um jeitinho.

Havendo um Sol muito forte,
Se a chuva cair ligeira,
É preciso que se importe.
Dirão que é sua culpa,
De toda e qualquer maneira.

Se fala, é censurada;
Toma bronca, ouve sermão!
Se tenta ficar calada,
É desconsideração!
A solução desejada
Ela procura em vão.

Se expressar uma ideia,
Se der uma opinião,
Sabe que estará errada
Bem antes da conclusão.

E não importa o que tente;
Jamais consegue agradar.
Mas segue, resiliente,
Sempre tentando acertar
Nessa impossível missão
Que não deseja abortar

Observo, sinto pena…
Mas tenho admiração
Por quem remenda e oferece,
Em lindo gesto inconteste,
O sofrido coração.

Eu escuto com afeto;
Conforto com amizade.
Que conselho posso dar
Sem lhe expor a verdade
Que não deseja encarar
Por ser triste a realidade?

Se pudesse, lhe diria
Que é preciso mudar,
Pois viver sem existir
Não vale a pena aceitar.

Jamais se deve abrir mão
Do respeito que merece
Todo e qualquer cidadão.
Sem ele, a alma fenece;
Mergulha na escuridão.

Curvar-se à pecha de "errada",
Aceitar a humilhação,
Não é escolha acertada;
Nunca é a solução.

Quem manuseia o carimbo
Onde se lê: "gente errada",
Sem perceber se define,
De forma inesperada.

Errado mesmo, na vida,
É quem julga e cerceia.
Quem chuta a estima do outro
Como um castelo de areia;
Talvez pra ver destroçado
Um qualquer sonho sonhado,
Algum sorriso esboçado,
Ou a luz que o norteia.

Tento calar quando alguém
Não está pronto a ouvir.
Agora, a "pessoa errada"
Somente está preparada
Para ser reconfortada,
Acalentada, e seguir.
Vou ficando na torcida
Para o mundo lhe sorrir.

Torço para que os algozes
Aprendam a querer bem;
Percebam: a luz que apagam
Os lança em trevas também.

Grande vitória na vida,
É não destruir ninguém;
Descobrir felicidade
No ato de querer bem;
Viver e deixar que outros
Possam existir também.

O tempo segue enquanto muitas pessoas ainda se mostram indiferentes à pandemia, ao perigo que o Coronavírus ainda representa no seio da humanidade. Há quem recuse a vacina, que nos foi tão desejada, e não aceite seguir regras sanitárias para a preservação da saúde comum.

Alguns desrespeitam os mortos que tombaram nessa guerra cruel; minimizam ou até negam que a tragédia exista. Outros choram a certeza da ausência de seus mortos que a Covid levou.

Chegamos a outubro de 2021 imersos nessa triste realidade que inspirou a poesia "São mais de Seiscentos Mil!!!"

SÃO MAIS DE SEISCENTOS MIL!!!

No ano dois mil e vinte,
Em dezessete de março,
Para descrer da Covid
Já não havia espaço.

Foi quando a primeira morte,
Neste solo brasileiro,
O Corona nos impôs,
Assustando e comovendo
O nosso país inteiro.

Era tempo de agir,
Sob o manto da Ciência,
Com firmeza e traçar
Ações de inteligência.

Mas… escolher negação,
Politizar pandemia,
Fingir não haver perigo,
Ao vírus fortalecia;
Deixava o povo indefeso.
Por esse crime de alguns,
Toda gente pagaria…

O tal "vírus gripezinha"
Pôde mostrar que é forte.
De norte a sul do Brasil,
Seguiu espalhando a morte.

O descaso o encobriu
E deu-lhe grande suporte.
Coube ao povo, relegado,
Contar com a própria sorte.

Chegou-se a oito de outubro
De dois mil e vinte e um.
Mas nossa realidade
Não traz orgulho nenhum.

Não houve um combate sério,
Feito à luz da razão.
Mais de seiscentas mil vidas
Foram ceifadas, em vão,
Pelo vírus que, sabemos,
Não foi o maior vilão.

Vemos lares destroçados
Onde gente destruída
Chora entes que se foram
Sem direito a despedida.

A morte no isolamento
Nega o adeus da partida;
Imagem triste e cruel
Marcando o fim da vida.

A todo sobrevivente
Cabe honrar quem tombou:
Desconhecido ou parente,
Heróis da linha de frente,
Bons amigos; toda gente
Que a Covid levou.

Para sempre, na memória,
A sua luz, sua história,
Seja um bem que nos ficou.

O dia a dia pode revelar uma triste solidão que reina exatamente onde se concentra um grande número de pessoas; em meio à multidão onde supostamente ninguém deveria estar só. É o que chamo de "Solidão Oculta".

SOLIDÃO OCULTA

Olhando a cidade grande,
É possível ver também
A solidão que se esconde
Entre o progresso, e se expande.
Já não perdoa ninguém!

Desde o ato mais singelo
Ao fato mais relevante,
Parece faltar o belo,
O nobre, o edificante.
Falta sorriso sincero
E abraço confortante.

O "Bom dia!", o "Boa tarde!"
Podem ficar sem resposta,
Ou ter desaprovação
Que é claramente imposta
Num silêncio que reprova,
Cresce, ganha dimensão…
Parece até que nos falta
O velho e bom coração.

Muitos seguem nas calçadas;
Vão desfilando elegância,
Com suas metas traçadas
E questões de relevância.

Enchem prédios, lojas, salas…
E dão-se grande importância!
Esquecem que humildade
Cabe em qualquer circunstância.
Já não se percebe alguém
Encontrado no caminho.
E assim, como ninguém,
Cada um segue sozinho

Eu olho esse mundão
Tão lindo, tão imponente,
E me dói o coração
Ver que entre tanta gente
Nele mora a solidão
Mais gélida, envolvente,
Certa de que sua estada
Será algo permanente.

Mas podemos resistir!
O ser humano é capaz!
Pode se reconstruir,
Seus valores aferir;
Fazer-se luz, amor, paz.
Ser solidário e então
Ver no outro um irmão
Que tanta falta hoje faz.

Que desse tempo sombrio,
Onde reina a solidão
Causando dor e vazio
Fique somente a lição:
Plena e feliz é a vida,
Se na trilha percorrida
Levamos o coração.

O aniversário do irmão caçula é sempre um belo dia de comemoração!

Ele nos chegou em momento de dolorosa perda e, ainda bebê, expulsou as lágrimas do sofrimento para refazer a luz da esperança na vida. Essa data nos é muito especial.

ANIVERSÁRIO DE IRMÃO CAÇULA

Meu irmão muito querido,
Hoje eu queria poder
Te dar o mais longo abraço!
Bendigo o teu nascer.

Chegaste ocupando mentes;
Expulsando a tristeza,
Espalhando as sementes
De amor, fé e certeza
De que um novo amanhã
Nasce mesmo todo dia.
Esperança não é vã
Se lhe damos moradia.

Sabemos que duras provas
Surgiram no teu caminho
Onde esperei haver rosas
Mas vi florescer espinho.

Um dia a vida tentou
Roubar-te a saúde, a paz.
Grande homem despontou;
Do tipo que não se entrega,
E não se curva jamais.

O mal não teve guarida;
Foi uma luta renhida…
Vou sempre comemorar
A vitória merecida,
Que não será esquecida,
Tem seu valor, seu lugar.
Mano, meu guerreiro amado,
Herói de tão duras lutas,

Deus te faça abençoado,
Em todo e qualquer embate,
Com vitórias resolutas
Sobre todas as disputas.

Futuro sempre melhor
Te aguarde em cada esquina;
Te consagre vencedor!
Seja bela a tua sina.

Ao longo de muitos anos dedicados ao magistério, em turmas regulares, na Itinerância e em Sala de Recursos da Educação Especial, tive o privilégio de conhecer bem de perto o trabalho ético, digno e altamente elogiável de algumas diretoras que pude acompanhar até o importante momento de suas aposentadorias.

Foi sempre uma honra dirigir, a cada uma delas, um poema ditado pelo coração na hora da despedida. "Diretora Querida" foi escrita para uma dessas ex-diretoras e sempre amigas queridas.

DIRETORA QUERIDA

A escola de gabarito
Se funde com a tua história.
Cada canto tem escrito
Resumos de muita glória.

Quanto aluno hoje semeia,
Pelo mundo de meu Deus,
Bons exemplos em cadeia,
Frutos de conselhos teus?

Quanta mãe foi confortada
Por tua sabedoria,
Se refez, ganhou a estrada,
E venceu com galhardia?

Quanto futuro bonito
Começou um dia aqui?
No livro da vida, escrito,
Certo, há mais do que vi.

Como estrela reluzente,
Em tão valiosa luz,
A tua história transcende
A meta que a conduz.

É tempo de descansar.
Cumpriste bem o dever
Buscando sempre ofertar
O que melhor possa haver.

O trabalho sério, lindo,
Que foi teu marco na vida,
Revela que amor infindo
Permeou a tua lida.

Cumpre dizer "Até breve!"
Estaremos sempre unidas.
O futuro te reserve
As venturas pretendidas.

Quando chegamos ao tempo de comemorar a Páscoa, em meio à delícia dos chocolates e graciosidade dos coelhinhos, cabe também recordar o motivo da festa.

FELIZ PÁSCOA!

Milagre da nova vida,
Esperança, fé, amor.
Deixando a morte vencida,
Ressurge Nosso Senhor!

Que Jesus sempre renasça
No teu, no meu coração.
Na Páscoa, a luz se faça
Trazendo a transformação
De lágrimas em sorriso;
De problemas, solução;
Dos males, no bem preciso
Pro mundo ter mansidão.

Jesus, pleno em nossa vida,
Torne a felicidade
E a paz jamais sentida
Em nova realidade
Repleta de intenso amor,
Presente do Criador
Para toda a humanidade.

Araruama é uma cidade acolhedora, bela e inesquecível. Visitá-la, ou nela fixar residência, é uma feliz escolha. A sua lembrança deu origem a esta poesia.

ARARUAMA

No sudeste do Brasil,
O bom Rio de Janeiro
Tem, na doce Araruama,
Um tesouro verdadeiro
Que na Região dos Lagos
Acena pro mundo inteiro.

Quem chega é abraçado
Por essa linda cidade.
Quem parte leva consigo
Imorredoura saudade...

Saudade de cada espaço;
Dos lagos, do mar aberto.
Do céu que, nesta cidade,
Parece estar bem mais perto!

Tem o Sol beijando as praças,
Convidando a visitar
A área rural com muitos
Encantos a desvendar.

A bela Araruama
É cidade que cativa
O coração de quem ama
Ver a beleza nativa
Com toda a luz que irradia,
Que surge forte, expressiva.

Na Praça Antônio Raposo
Reside o Papai Noel!
No fim do ano, a casa
Abre as portas, e o velhinho
Parece chegar do céu
Com seu cortejo inteirinho!…
E viva Papai Noel!!!

Crianças entram na casa
Onde Noel mora bem.
Visitam sala e cozinha;
Quarto e banheiro também!
Levam pai, mãe, avozinha.
É preciso que ninguém
Perca um detalhe! Nadinha!!!
Tudo grande valor tem.

Todos podem tirar fotos
Com o querido velhinho
Que é imagem secular
De paz, amor e carinho.

Araruama é plural;
Abarca todas as festas:
Ano Novo, Carnaval,
E outras mais, além dessas.

Contempla todas as crenças.
Não fomenta preconceitos.
Tem igrejas majestosas
E bem suntuosos templos.
Toda fé tem seus direitos!

Em sua rodoviária,
Por vezes o visitante
Desembarca sem saber:
Fará retorno constante!
Há muito por conhecer
Na cidade cativante.

Araruama desponta
Na paisagem brasileira
E, nela, tudo remonta
A infinita beleza!
Parece tela pintada
Com luz, magia, leveza…
Presente da natureza!

Os índios tupinambás
Habitaram, no passado,
Essa mesma Araruama,
E deixaram seu legado
Que hoje é preservado.

Mas, no presente, a cidade
Tem *ferry boat* moderno
Que leva à Praia Seca,
Seja verão ou inverno.
É passeio que, decerto,
Quem faz não esquece, não.
Ele permeia a retina;
E traz suave emoção.

Mirando o espelho d'água,
Visto da embarcação,
Feliz, o olhar mergulha
Na beleza da amplidão…

A relação dos encantos
Caminha pra imensidão.
Pontua cada recanto:
Penetra no coração.

A cidade tem museu,
Concha acústica, cinema;
Tem o Parque João Hélio,
E teatro, pois Cultura
É uma opção suprema!

Existe a Comunidade
Quilombola, de Sobara.
O respeito às diferenças,
Ali, mostra a sua cara.

Homens, mulheres, crianças,
Podem trajar diferente;
Manter firmes alianças
Entre passado e presente.

E na profusão de cores,
Têm canto e dança felizes.
Quando abrem seus sorrisos,
Queremos ser aprendizes.

Aprendizes do seu jeito
Tão verdadeiro de ser;
Da alegria contida
No seu modo de viver;
Da História refletida
Em seu olhar, sua lida,
Revestida de saber.

Nessa tão bela cidade
Nem a distância separa!
A sua realidade
É mesmo uma joia rara!

No centro de Araruama,
Nos entornos lá da praça,
A vida circula mansa;
A paz a todos abraça.

Pra ultimar, é preciso
Frisar com exatidão
Que o povo desta cidade
É perfeito anfitrião.

Com simpatia e bondade,
Oferece amizade;
Concede a sua afeição.
Visitante chega amigo,
Mas logo se torna irmão.

Araruama, até breve!
Adeus não lhe digo, não!
Seus valores, sua imagem,
Não se leva na bagagem;
Entranham no coração.

Em um 14 de março, Dia da Poesia no Brasil, fui convidada a visitar uma escola onde havia uma turma de crianças interessadas em me entrevistar sobre poesia, e desejosa de construir os seus próprios poemas.

Aceitar o convite, estar com aquelas crianças encantadoras e com a sua professora tão especial, foi uma alegria imensa. "Criança Poeta" versa sobre aquele encontro.

CRIANÇA POETA

Gostei muito do convite
Pra falar de poesia.
Foi um prazer, acredite,
Que só me trouxe alegria.

Estar com a garotada,
Ouvir, responder, contar…
No mundo da poesia
Foi gostoso mergulhar.

Incentivar com afeto
Cada poeta mirim,
Foi um presente abraçado;
Uma ventura sem fim.

Eu amo levar criança
A descobrir o prazer
De rimar, ter confiança,
E seu poema escrever.

Obrigada, professora!
Mestra em sensibilidade.
Faz sua turma crescer,
Enquanto planta saudade
Que, certo, vai florescer
Pois semeia com bondade.
Busca o futuro tecer;
Torna sonhos realidade.

Um dia, todos deixamos
A nossa escola querida.
Mas lembramos com amor
Cada vitória atingida,
E valores conquistados
Que enriquecem a vida.

Quanto a fazer poesia,
O coração da criança
Bate, rimando o presente
Com futuro de esperança.

O que deseja, de fato,
A criançada alcança!
Basta lhe darem espaço,
Respeito, amor, confiança.

Querendo, será poeta;
Eu, menina, também quis.
Vou ajudar como possa;
Sou uma eterna aprendiz.

Há algo de que estou certa;
Meu coração sempre diz:
A mais importante meta
É cada um ser feliz!

Quando tive o privilégio de ser entrevistada por crianças amantes da poesia, após responder individualmente às suas perguntas, ofereci apresentar em versos um pouco do muito que conversamos naquele maravilhoso encontro. A criançada aceitou a oferta com entusiasmo.

Com variadas roupagens, repetiram-se as seguintes perguntas:

Rimar é difícil? Como e quando você começou a escrever poesias? Alguém te ajudou? Como nós podemos começar a fazer as nossas poesias?

Usando o velho quadro-negro e o infalível giz disponíveis naquela sala de aula onde um belo amanhã se desenhava, o poema "Criança Merece Resposta" nasceu diante dos olhos inocentes, curiosos e ávidos daquela turma inesquecível.

CRIANÇA MERECE RESPOSTA

Pra quem deseja rimar,
A tarefa é divertida,
É fácil acostumar.
Torna-se parte da vida,

Eu comecei com dez anos;
Brincando, após a escola.
Pra corrigir meus enganos,
O meu pai "me dava cola."

Ele sempre emendava,
Explicava, corrigia.
MAS, bons elogios dava,
E a minh'alma sorria!

Trova ou grandes poemas,
Em qualquer ocasião,
A minha mão escrevia,
Por ordem do coração.

Um dia, eu pude ouvir
Meu pai dizer com alegria:
Não há o que corrigir!
Ensinei o que sabia!

Então, segui escrevendo.
Jamais consegui parar.
E hoje, bem compreendo
O valor de incentivar.

Se alguém quer uma ajuda
Para escrever um poema
Ou criar sua trovinha,
Desejo colaborar!
A alegria é minha!!!

Por ocasião do Dia das Mães, lembro sempre dessas grandes mulheres de irrefutável valor.

Desejo que os filhos, nascidos do seu ventre ou reconhecidos por seus corações, possam abraçá-las nesse dia tão especial.

MÃE

Acima de tudo, uma mulher que ama.
Ama seu filho, a vida, o amor.
O seu silêncio esta afeição proclama
Quando olha o filho, seu maior valor.

Vibra e apoia os primeiros passinhos;
Ensina a falar, sorrir, viver.
Indica sempre os melhores caminhos
De onde espinhos busca remover.

Protege, mas educa para o mundo,
Incentivando sem esmorecer.
No peito guarda um sonho profundo:
Seu filho evoluir, ser bom, vencer.

Quer vê-lo imerso em felicidade,
Pronto a semear ventura e paz;
Decente membro da sociedade,
Realizado, digno, capaz.

Deus abençoe a mãe na sua lida!
Proteja todo filho, cada lar!
Torne sempre feliz a escolhida
Para o amor, em vida, transformar.

A cada "Dia das Mães", eu me permito voltar a alma e o coração para o anjo especial que me concedeu e abençoou a vida: minha mãe, luz da minh'alma.

MINHA MÃE

"Mamãe" era o nome dela.
Foi como sempre a chamei.
Quando jovem, a mais bela
Mulher que já contemplei.

Cresci e fui percebendo:
A luta, fé e bondade,
A faziam mais que linda;
Era Mãe, luz e verdade.

Iluminava o caminho
Para a grande filharada.
Ter seu cuidado e carinho
Era bênção desejada.

Doze filhos e a meta:
Amar, cuidar, proteger!
Cobrou retidão, decência,
Na estrada a percorrer.

Todo filho é diferente;
Missão de Mãe é igual:
Levar sua prole à frente,
Guardá-la de qualquer mal.

Quando a mazela do tifo
Surgiu, dizimando vidas,
Internava-se o doente,
Com esperanças perdidas
De vir a recuperar
As vítimas atingidas.
Porém, quando uma filha
Esse mal quis vitimar,

A Mãe mostrou-se guerreira
Pronta a tudo enfrentar;
Leoa que, por seus filhos,
A vida escolhe arriscar.

Eu era uma garotinha
Mas recordo bem demais
Dessa incrível bravura
Que a Mãe Ilma foi capaz.

Sozinha ela cuidou,
Correndo grande perigo.
Salvou a filha, porém,
Veio o golpe do inimigo
Que não perdoa ninguém;
Foi torpe e vingativo.

Tão entregue a Mãe ficou
Combatendo aquele mal,
Que ele a infectou…
Foi levada ao hospital
Para um digno final.
Seu quadro foi declarado
Irreversível, fatal.

Isolamento temido;
A filharada distante…
Ela sabia, o perigo
Fazia ronda constante.

A Mãe Guerreira, no entanto,
Lutou por sua missão.
O tifo viu, com espanto,
Sua recuperação.

Fez-se o milagre sonhado;
A mãe voltou ao seu lar.
Abatida, mas curada,
Retomou o seu lugar.
Com ela, a luz do Sol
Chegava para ficar!

Na vida dessa Mãezinha
Muitos fatos se somaram.
Alegrias e tristezas
Mil vezes se revezaram.

Doze filhos!!! Cada dia
Trazia uma novidade.
Tinha que ser muito sábia!
Vencer a dificuldade!

Ouvir e compreender;
Estimular, coibir.
Mãe responsável aponta
Bons caminhos a seguir.

Educava para a vida
Onde a luta mais renhida
Um dia pode surgir
Ou, onde a realidade
Apenas queira sorrir.

Sempre com dignidade,
Essa ou aquela verdade
A Mãe sabia gerir,
E aos filhos transmitir.

A minha Mãe, meu tesouro,
Dava "nó em pingo d'água."
Não tinha grandes recursos
Mas queria a filharada

Seguindo belos percursos
Pelas trilhas almejadas,
E que, por todas as bênçãos,
Deviam ser pontuadas.

O tempo passou voando.
Cada filho foi mostrando
Quem era, o que pretendia.
A Mãe foi sempre ajudando
No futuro que emergia;
Fez todo o bem que podia!

Alguns deixaram saudade
Quando puderam alçar
Voos pra onde a humildade
Não iria se encaixar.

Mãe de visão comovente,
Não julgou; não reclamou.
Sua alma complacente
Eternamente… AMOU!

Mamãe abrigou quimera,
Acalentou a ilusão
De trazer a filharada
Juntinho ao seu coração.

Essa espera infinita,
Ventura não alcançada,
Foi uma ilusão bonita
Ou bênção desperdiçada.

Mesmo quando se tornou
Bem idosa e doentinha,
Acamada e sem voz,
Era a minha rainha!!!

Dona do meu coração,
Luz maior na minha vida!
Fonte de terna emoção,
Minha Mãe, joia querida!

Eu contemplava e revia
A jovem Mãe, forte, linda!
Leoa guardando os filhos
Com amor e garra infinda.

Mãe que esteve ao meu lado
Em todo e qualquer momento;
Sorriu a minha alegria;
Chorou o meu sofrimento.
A força do seu amor
Afugentava o tormento.

Era Mãe que ofertava
Luz, paz, e acolhimento.
Aos seus filhos delegava
O mais belo sentimento.

Já em tempo mais recente,
Foi a "Vovó" dos seus netos.
Orgulhosa, sorridente,
Com seu amor envolvente,
E os incentivos certos.

Um dia, Deus a chamou.
No Seu mais perfeito amor,
ELE a terá recebido,
E com ternura acolhido.
Mãe é anjo do Senhor!
É bendita luz na Terra.
Por todo o bem que encerra,
Reflete o criador.

Agradeço pela bênção
Que foi minha Mãe querida.
Foi linda expressão de amor.
Foi grande lição de vida.

Quisera ainda abraçá-la
Mesmo em sonhos; um instante!
Seria ventura mor
E um presente empolgante.

Mas, hoje, rogo ao Senhor
Que faça chegar a ela
O meu infinito amor,
A minha prece singela
Nascida do coração
Onde, plena de emoção,
Reside a imagem dela.

Peço que esteja com anjos;
Rodeada de bondade.
E que a luz dos arcanjos
Lhe amenize a saudade;
Permita que o amor de mãe
Habite a eternidade.

O poema "Educação e Utopia" nasceu da observação de alguns fatos inaceitáveis que, infelizmente, podem se desenrolar em passeios comuns.

EDUCAÇÃO E UTOPIA

Quando a Educação
Não marca sua presença,
Permite que a grosseria
Se fortaleça e vença.

Que haja de modo torpe
Em qualquer situação.
Até a civilidade
Some nessa ocasião…

Que grande falta nos faz
A Senhora Educação!
É sempre na ausência dela
Que alguém libera seu cão
E mostra um lado feio
Da sua má formação.

Há quem conduza animais
Por ruas, praças, jardins,
Sem guia e sem coleira,
Levando grande perigo
Para a vizinhança inteira.

Há donos bem moderninhos
Que acham muito engraçado
Seu cão atacar velhinhos
Indefesos que, sozinhos,
Têm seu dia aviltado.

Tal fato leva a pensar:
Caráter, Educação,
Deviam contagiar
Toda a população
Pra essa história mudar,
Sem permitir exceção.

Para que mãos se estendessem
Dispostas a socorrer;
Pro forte ajudar o fraco,
Com bondade, com prazer.

Proteger os indefesos
Seria mais que um dever.
O bem estaria ileso,
Norteando cada ser.

Maus elementos de hoje
Haveriam de mudar;
Toda e qualquer vilania
Teriam que abandonar.

A boa cidadania
Teria, enfim, seu lugar.
Pode até ser utopia,
Mas, vale a pena sonhar.

Em um dia 5 de junho, "Dia do Meio Ambiente", o poema "Natureza, um poema de vida" nasceu em função da preocupante realidade que se impõe, com a inegável depredação da mãe natureza.

NATUREZA, UM POEMA DE VIDA

Basta voltar o olhar
À nossa mãe natureza
Que a veremos sangrar,
Ferida em sua grandeza.

Em cada braço de rio,
Murmurante pelo chão,
Nesse leito mais vazio,
A água chora em vão.

Com menos de três por cento
De água potável no mundo,
Fenece a esperança
De um amanhã fecundo.

Ganância vil, abjeta,
Corrói as formas de vida;
Agride a natureza
Em uma torpe investida.

E quem mata o nosso mundo?
Degrada o meio ambiente?
Gente com anseio imundo,
E de consciência ausente.

Olhando pela janela
Do famoso trem da vida,
É bem fácil perceber:
Fato! Não dá pra esconder.
Ou o homem muda a lida,
Ou o mundo vai morrer.
Mas… se todo cidadão
Colaborar, investir,
Da total destruição
O planeta vai fugir.

Sábia verdade afirma:
Riqueza mesmo é terra,
Água, ar, vegetação…
Ninguém vai comer dinheiro,
Respirar aplicação
Em ouro ou diamante,
Se nos faltar este chão,
Tesouro de imensidão.

Ganância torpe emburrece;
Torna difícil entender!
Como desfrutar fortunas
Se o mundo perecer?

O nosso Planeta Terra,
O lar da humanidade,
Não mais suporta agressão!
Já clama por piedade.

Catástrofes acontecem,
Fortes, terríveis, cruéis!
São telas da natureza
Ferida em duro revés.

Urgente, o homem precisa
Tirar vendas; compreender:
Sem o mundo que agoniza,
É impossível viver.

A tensa realidade,
Ainda, se houver vontade,
É possível reverter.
O belo planeta azul,
Unido, de norte a sul,
Merece sobreviver!

No "Dia do Amigo", cabe sempre dirigir algumas palavras às pessoas especiais que tornam a vida mais afetuosa e mais bonita: os amigos e amigas com os quais a vida nos presenteia.

Os abraços, mesmo quando virtuais, são importantes expressões do nobre sentimento imorredouro que é a verdadeira amizade.

ABRAÇO AMIGO

Na paz do abraço amigo
Há energia tão pura!…
É escudo, é abrigo
Contra qualquer desventura.

Mas, se o abraço acontece
Em bons tempos de alegria,
É ventura que floresce;
É luz que nos contagia.

Cada amigo é um tesouro
Do mais intenso valor;
Bênção a ser preservada,
Presente do Criador.
Torna a vida uma estrada
Lindamente iluminada
Pelo seu fraterno amor.

Hoje, envio um abraço
A cada amigo e irmão.
Cativo é o seu espaço
Dentro do meu coração.

Todo grande amor deve mesmo ser reconhecido, retribuído e ressaltado, em toda a sua magnitude.

A poesia "UM GRANDE AMOR" resulta dessa certeza.

UM GRANDE AMOR

Quero falar de um amor;
Aquele amor imbatível
Que faz saltar seu valor
Tão efusivo e audível.

Se tenho uma tristeza,
Solidário, ele consola.
O seu jeitinho de amar
Não se aprende na escola.

Ao me ver, com alegria,
Faz-se comemoração.
Planta luz, festa, magia,
Dentro do meu coração.

Ele passeia ao meu lado,
Tão feliz, com tanto gosto!…
Que bom não ser imputado,
Ao grande amor, um imposto.

Falo do amor canino.
É lindo, incondicional!
Por isso não imagino
O que leva certa gente
A dizer que seu cãozinho
É "somente um animal".

Ninguém se pense enganado!
Se imaginou outro amor,
Sem latidos e sem saltos,
Basta reler, por favor.
Verá: falei do cãozinho
Que late alto e faz festa;
Que afugenta a tristeza.
O seu carinho ele empresta.

Festeja o bem, a ventura
De seus donos, sua gente,
Com quem ama passear,
Sempre feliz e contente.

Quem sorriu junto comigo
Ao fazer a descoberta,
Tem no seu pet um amigo
Bastante amado, estou certa.

Meu pai foi o meu grande herói; meu eterno amigo de todos os tempos, de todas as horas. Foi o porto seguro, a imensurável luz que se tornou saudade imorredoura em minha vida.

MEU PAI, MEU AMIGO, MEU HERÓI

Foi no silêncio tão grande,
Com que não me respondeu,
Que a vida desse guerreiro
Ante minh'alma volveu…

Quando ele chegou ao mundo,
A sua mãe Deus levou.
Com um triste amor profundo,
A velha "Vó" o criou.

Na infância, onde faltava
A luz do amor materno,
O menino se empenhava
Buscando o saber eterno.

Houve estudo e palmatória,
Com muita severidade.
Mas, na boa formação
Houve muita qualidade.

Nascido lá no Pará,
Deu valor à instrução,
À Cultura que será
Marco desse cidadão.

Já rapaz, chegou ao Rio;
Nasceu e cresceu no norte.
No genitor quis suporte.
Mas o pai disse, sombrio,
-Sirva à Pátria, seja forte.

Deixara-o pequenino,
Após a mãe falecer.
Então, culpava o menino
Por sua amada perder.

Mas, tanto tempo depois,
Havia grande esperança
Que um afeto entre os dois
Suprimisse essa lembrança.

Se isto não foi possível,
Não faltou se empenhar.
Com um amor imbatível,
Quis sempre o pai cativar.

Ele se fez bom soldado,
Sem nenhuma regalia.
Da avó foi neto amado,
Mas seu pai não o queria.

O seu país ele amou,
Honrou, respeitou, serviu.
Na Pátria ele encontrou
A mão que o conduziu.

O bom rapaz fez-se homem
Forte, elegante, decente!
Valores não se consomem;
Crescem junto com a gente.

Casou; os filhos chegaram.
Soube acolher e amar.
Amparou, se precisaram.
Fez crescer, fez superar.
E foi o homem mais forte
Que o mundo conheceu.
Nenhum mal tinha suporte
Ante um gesto, um olhar seu.

O brilho forte do olhar
A velhice arrefeceu.
Mas a luz, que vem da alma,
Nunca, jamais se escondeu.

Ao ver seus filhos crescendo,
Tomando rumo na vida,
Esse Pai seguiu querendo
Sempre oferecer guarida.

Se filho voa mais alto
E, feliz, quase o esquece,
Pai aceita bem o fato;
Tem um amor que enobrece.

A bela alma, o semblante,
O âmago deste ser,
Foi luz sempre radiante,
Impossível de abater.

Pai Herói, soube trazer
Ação e palavra certa.
Muito além do seu dever,
Foi sempre uma porta aberta
Onde encontrar carinho,
Consolo, amor, proteção;
Certeza do seu carinho
E imenso coração.

Ele ajudou tanta gente!…
Estranhos, família inteira!
Bom! Só ficava contente
Agindo dessa maneira.

Cresci vendo a poesia
No seu modo de viver.
Tanta bondade e magia
Eternas deviam ser.

Poeta de letra linda
Que mais parece um desenho.
Produziu, em obra infinda,
Belos escritos que tenho.

Eles saltam do papel;
Invadem o coração,
E espalham, a granel,
Obras do bem, emoção.

Foi por uma sua carta,
Vinda de terra distante,
Que eu não fechei a porta
Ao sonho mais importante.

Pretendi ser normalista.
Outrora, uma vaga em mil!!!
Sem cursinho, realista,
A filhota desistiu.

Mas chegou logo um escrito
Belo, forte, convincente,
Da trincheira: Xô, conflito!
A vitória nos pertence!
Devo enfrentar e vencer!
Garante o Pai, sob luta.
Só tive que obedecer;
Venci concurso e disputa;
Nada pôde me abater.

Quando algum tempo se fora,
Uma joia pretendida,
O anel de professora
Fez entrar na minha vida.

Eu pude ser professora.
Um sonho realizado!
Não há como esquecer
O apoio conquistado.

Assim cheguei à escola,
Plena de motivação.
Pronta a dar ao trabalho
O mais feliz coração.

Eu sempre olhei cada aluno
Com um amor irrestrito;
Incentivei a jornada
De construir sua estrada
Para um amanhã bonito;
Rumo a um bem infinito.

Lecionei pra crianças
E para adultos também.
Meu pai quis enfatizar:
-Vai aprender e ensinar!

Educação e saber
Fazem bela parceria
Com respeitar e entender.
Não se permita esquecer!

Esse Pai, de alma ilibada,
Teve igual dedicação
Por toda a prole amada.
Respeitou cada opção
De escolha na vocação.

Formou filhos militares,
Profissionais da Saúde,
Mais professoras, em pares.
Fez entender que virtude
Mora em toda profissão
Abraçada com verdade,
Amor e dedicação.

Meu Pai sempre nos dizia
Que serve bem à nação
Quem trabalha com alegria,
Competência, distinção.

Nos garantiu o caminho;
Nunca permitiu faltar
Livro, escola, carinho;
E o seu jeito de amar.

Pai que levou doze filhos,
Por caminhos diferentes,
Longe na vida, por trilhos
Que só exigiu decentes,
Dignos, producentes.
Queria os filhos bem ricos,
Mas, de valores morais!
De paz, saúde, ventura!
Não pedia nada mais.

A velhice foi chegando...
Não deixava perceber.
Seus males silenciava;
As virtudes preservava;
Queria as mãos estender.

E a filho, genro ou neto,
Amigo, estranho também,
Jamais esse homem reto
Desamparou a alguém.

Um dia, ele silencia...
Não enxuga o meu pranto;
Não transforma, em harmonia,
Minha dor, meu desencanto.

Após dias de angústia,
Em um hospital distante,
Nos deixou o cavalheiro
De armadura brilhante,
Revestida do amor
Mais puro e edificante.

Não cabe amargar tristeza.
É preciso agradecer.
Da sua alma, a beleza,
Pude, feliz, conhecer.
Foi uma bênção imensa
Com o meu Pai conviver.
Deus ofertou um tesouro
De imensa qualidade;
Nos deu meu Pai! Mais que ouro
Valia sua bondade!

Imagino uma forma
Desse herói continuar
A ajudar quem precise
Mesmo após nos deixar...

Talvez, de uma estrela o brilho
Ele possa se tornar;
Ilumine todo filho
Do mundo que foi seu lar,

Sua terra, seu lugar;
Onde reside a grandeza
Da sua maior certeza:

Pai Herói é, todo dia,
Luta, paz, dor, alegria.
É saber, ao se doar,
Quão importante é… AMAR!

Uma escola em que trabalhei quis homenagear os responsáveis de seus alunos no Dia dos Pais. Pediu que lhes dedicasse um poema que alcançasse a todos eles, com as suas profissões, diferenças, e similaridades. Era importante lembrar também os dois garis que atuavam com imenso desvelo naquela unidade escolar. Assim surgiu esse "Feliz Dia dos Pais."

FELIZ DIA DOS PAIS!

Há muitos tipos de Pai.
Por exemplo, o pai surfista.
Da prancha ele não cai;
Nas ondas é um artista.

Há pais garis, tão queridos!
Seu valor bem conheci.
Esses pais, grandes amigos,
Por sorte, temos aqui:
Jackson, Ubiraci.
Da sua dedicação
Não me contaram; eu vi.

Há o pai executivo,
Com sua pasta elegante.
Pra sorrir, basta um motivo:
Ver seu filho radiante;
Feliz, com olhar brilhante.

Existe o pai enfermeiro.
Pra saúde resguardar,
Firme, socorre ligeiro
A quem dele precisar.
Mas, no campo do afeto,
Seus filhos estão, decerto,
Sempre em primeiro lugar.

Também temos outros pais:
Marceneiro, motorista;
Operário, pai cantor,
Bancário, fono, dentista,
E também pai professor.
Todos nutrem por seus filhos
O mais irrestrito amor.

São todos tão diferentes!...
Mas no fundo muito iguais.
Querem ver suas sementes,
Os seus filhos, nossa gente,
Crescendo com evidente
Saúde, amor e alegria
Felizes e nada mais.

Que Deus cubra de ventura,
De saúde, força e paz,
A todo pai, nesse dia,
Como só ELE é capaz.

Enquanto professora, eu tive a oportunidade de atuar em Sala de Recursos da Educação Especial. Foram anos de trabalho gratificante, na rede municipal de ensino. Pude estar ao lado de crianças e adolescentes que aprendiam a acreditar em si e na possibilidade de construção de conhecimentos e caminhos para um futuro melhor e mais bonito.

SALA DE RECURSOS

Bom trabalhar em escola
De tão grande parceria.
O resultado extrapola
Tudo que se pretendia.

Vi, na Sala de Recursos,
Cada aluno superar,
Mudar limites e cursos
Da vida que vão trilhar.

Quem nos chegou humilhado,
Descrente em si, caladão,
Teve seu rumo alterado
Com franca evolução.

Muitos produziram obras;
Puderam se orgulhar
E tê-las em mãos. São provas
Do quanto podem criar,
Surpreender, superar.

Alunos entrevistaram
Mais de uma autoridade.
Nos encontros receberam
Respeito, atenção, bondade.

Segui por muitos caminhos,
Respeitando as diferenças,
Potenciais e os sonhos
Dos jovens e das crianças.
Entre querer e poder,
Teci pontes de esperanças.

Em cada um vi nascer,
Confiante, um cidadão.
Com direitos, com dever;
Com seu lugar na nação.

Gratidão à unidade,
A uma equipe querida.
Levo todos, com saudade,
Por onde eu vou, nessa vida.

Minha Sala de Recursos
Jamais será esquecida.
Nela ampliamos percursos.
Foi belo marco na lida!

Ali residia pleno
Do mais construtivo amor
O trabalho que permeia
A vida do professor.

Cada aluno pôde ter
Os meios, o incentivo
Para crescer e vencer
Com grande superação.
Pra nunca mais ser cativo
De qualquer limitação.
Pra ganhar a amplidão.
Vimos que todo problema
Deixa de ser um dilema,
Se buscamos solução
Com garra e dedicação.

Essa talvez tenha sido
A nossa maior lição.
Vale grafar esse lema
Pra sempre no coração.

Em 30 de agosto de dois mil e vinte um, o drama, o medo e a insegurança registrados em Kabul, no Afeganistão, fizeram lembrar a tragédia das Torres Gêmeas derrubadas pelo terrorismo em solo americano, em 11 de setembro de 2.001. Em ambos os casos, o ser humano deu mostra de ter abraçado a desumanidade, com requintes de crueldade. Escancarou-se uma triste realidade que, infelizmente, faz o mundo atual mergulhar em preocupação.

MUNDO ATUAL

Há quem possa fazer de cada dia
Uma razão maior para odiar;
Pratique intolerância e covardia.
Bem poucos se ocupam de amar.

Já há poluição de desamores!
Nos olhos, ânsia mor por destruir.
Em muitos peitos se abrigam dores,
E a paz luta por subsistir.

Trocam-se afrontas em palavras, gestos.
Emudeceu, de todo, a mansidão.
Quanto eu quisera encontrar os restos
Do amor, pra dar ao mundo um coração!...
Onde países ricos, miseráveis,
Se irmanassem e dessem as mãos.
Com vitórias humanas incontáveis,
Todos os povos seriam irmãos!

Então não haveria terrorismo,
Fome ou guerra; qualquer outro mal.
Seria evitado o abismo
Pra onde a Terra segue afinal.

A humanidade, em paz envolvente,
Veria que o mundo é colossal
Se nele existir sabedoria,
Envolta em amor universal.

Em 12 de outubro, Dia das Crianças, é sempre uma grande alegria presenteá-las e desfrutar da alegria espontânea que empresta belas cores à a infância tão linda e passageira.

CRIANÇA

Quem sabe tudo é criança!
Até quando ainda nem diz!
Seu sorriso é esperança
De um mundo mais feliz.

Cabe a gente se render
A certa comparação…
Para os fatos perceber,
Basta prestar atenção.

Adultos sem os dentinhos?!
Ficariam um horror!!!
Nos bebês, faltam todinhos!
Eles ficam um amor!!!

Se adulto desse pulinhos,
Gritando feliz, contente,
Surgiriam burburinhos:
-O fulano está demente!…

Criança ganha presente,
Pula, grita, agradece.
E o coração da gente
Na mesma hora enternece.

Melhor é não comparar
O tempo que vale ouro.
Importante é preservar
A infância, esse tesouro.

Criança é, na verdade,
Grande presente de Deus.
Já fui criança… Saudade!…
Seus sonhos já foram meus.

Criança tem bom futuro
Se lhe damos, no presente,
Amor saudável e puro,
A diretriz pertinente.

O bem que nela habita,
Essa bagagem bonita,
Vai fazê-la florescer,
Agigantar-se, crescer,
E o mundo engrandecer.

Ao universo infantil,
Crescer rápido interessa.
Mas eu diria à criança
Que desistisse da pressa.

Vivesse cada segundo
Desfrutando essa magia
Com toda a sua alegria;
Plena da luz que irradia.

O que realmente importa
É o mundo lhe abrir a porta
Pra arte de ser feliz,
Como aos pequenos condiz.

No 15 de outubro, Dia dos Professores, eu desejo a cada um e a todos esses valorosos guerreiros do bem, que labutam diariamente armados de livros, saberes, amor e dedicação, toda a felicidade cabível no mundo. Sei que isso é ainda bem menos do que essa categoria merece.

DIA DO AMOR DE MESTRE

O brilho dessa data me fascina
Desde quando eu era bem criança.
Vivenciei: amor de mestre ensina
A ter e propagar a esperança.

Eu me exigia ofertar presentes!
Menina, e ainda sem saber,
Que aos mestres, o maior contentamento
É fazer gente, como GENTE florescer.

Eu vi criança com dificuldade
Ganhar apoio, dar superação.
Hoje, trabalho, luta, fé, vontade,
São aulas dadas por seu coração.

Eu aprendi: é com dignidade
Que se constrói o bom conhecimento.
Entre as matérias, amor, amizade,
Respeito a todos, em qualquer momento.

Passando por você, mestre querido,
Cada ex-aluno é novo cidadão;
Agente desse mundo pretendido,
Sujeito dessa realização.

Tanto trabalho!… Você nem percebe
Quanto semeia em progresso e luz.
Creio que Deus, no céu, é quem concebe:
Mestre, anjo bom que o futuro conduz.

O Dia do Mestre, ano após ano, faz suscitar sempre uma nova poesia.

DIA DO MESTRE EM SUPERAÇÃO

Como seria construído o dia
De professores homenagear?
Com luz e brilho de sabedoria,
Ou da beleza de se entregar
A edificação de outras vidas,
Onde conhecimento e informação
Floresçam por seguirem coloridas
Trilhas que permeiam o coração?

Mestra e aprendiz, eu não sei a resposta.
Mas no seu dia quero lhes dizer:
Sua tarefa, com amor proposta,
Torna mais bela a arte de viver.

Destrói barreiras, alarga horizontes,
E incentiva, ao outro, crescer.
Dá esperança, mergulha nas fontes.
Faz a superação acontecer.

Que Deus lhes venha sempre a ofertar
Toda a ventura, paz, felicidade
Que nosso mundo possa comportar.
Torne seus sonhos linda realidade.

Alguns mestres são escultores tão sábios que conseguem motivar e preparar "a obra" para edificar-se, construir-se; descobrir o seu potencial e ratificar o seu grande valor. São professores que abrem as janelas para que seus alunos alcem os mais belos voos ao longo da vida.

MESTRES ESCULTORES

Entre mestre e escultor
Existe comparação?
Traçar algum paralelo
É uma justa equação?
Vamos à explanação,
Pois cabe reflexão.

Mestre é quase escultor;
Faz a obra se construir,
Descobrir-se grande autor
Da própria vida e seguir
Para o futuro emergir.

Quando a realização
Alunos forem buscar,
Apoio e dedicação
Decerto vão encontrar
No professor/professora
Prontos a capacitar,
Interagir, motivar,
E sempre colaborar.

Assim, semeando vidas,
Fazendo surgir valores,
Os mestres, mestras queridas,
Dão, ao mundo, lindas cores.

E, claro, estão por trás
De todo bom cidadão
Evoluído e capaz
De gerir esta nação,
Com os saberes na mente
E a luz no coração.

O magistério fecundo
Seja muito abençoado.
Deus, mestre de amor profundo
Reserve aqui, nesse mundo
Os tesouros da ventura,
Da total felicidade;
Da alegria mais pura,
E o dom da eternidade...
Mestres sejam esculpidos
Na pureza da saudade.

Atuando como Professora Itinerante, pude acompanhar alunos incluídos em turmas regulares, nas mais diversas escolas. Isso me permitiu bem conhecer muitas professoras, as suas turmas, e a relação que se estabelece entre esses tão importantes personagens da Educação.

Alguns encontros são especialmente felizes e inspiradores.

SE PUDESSE

Ah! Se pudesse falar…
Esse aluno de seis anos
À sua mestra diria
"Eu te amo, professora!"
Na mais pura euforia.
"-Agradeço por me dar
Segurança e alegria;

Por me ensinar os deveres;
Por me olhar com amor.
Por fomentar os saberes;
Ver-me um realizador
Das conquistas, dos prazeres
Cabíveis no construtor
Da minha difícil história,
Onde a evolução
Caminha incentivada
Por sua dedicação.

Enquanto ainda não fala,
Esse aluno especial
Expressa tudo que sente,
Com clareza colossal.

Seu olhar feliz, profundo,
Relata com emoção
Que, ali, prospera o seu mundo
Ampliado na inclusão.
A turma e a mestra querida
Moram no seu coração!

E eu… concordo com ele.
Meus parabéns, professora!
Você, no caminho dele,
É uma bênção promissora.

Que a mais perfeita ventura
Lhe tenha grande afeição.
E, mestra, siga somando
Amor com Educação,
Para, rompendo as amarras,
Promover superação.

"Nos campos da Educação" nasceu da justificada indignação que sente o educador ao ver o Magistério, a Cultura e a Educação tornarem-se menosprezadas e até inviabilizadas, acintosamente.

NOS CAMPOS DA EDUCAÇÃO

O respeito ao Magistério,
Cultura, Educação,
Jaz envolto em impropério.
Precisa haver reação!

Cumpre fazer florescer,
Na luz que conscientiza,
Os valores do saber,
E a leitura precisa
Do mundo, para entender
Toda a realidade.
Sem fake, ter a verdade
Norteando o viver.

Sem vendas, esclarecidos,
Todos irão perceber
A largueza do horizonte
Que nosso povo precisa
Desbravar e conhecer.

É tempo de nos mostrarmos,
Com digna honradez.
Ter orgulho de quem somos;
De todo o bem que se fez.

Educação e Cultura
Precisam sempre ter vez
E serem disseminadas,
Sem amarras, sem talvez.

Cumpre a quem de direito
Esclarecer os porquês
De serem hostilizadas,
Negadas e rechaçadas
Em clara insensatez.

Talvez seja mais que hora
Para com livros se armar.
Saberes, conhecimentos,
Precisam se levantar;
Recuperar seu lugar.

Estudantes e tutores,
Professores e demais
Valorosos defensores
Da cultura e da paz
Assumam os seus valores
E não os percam, jamais.

"Poeta Mirim" nasceu do prazeroso momento em que pude estar ao lado de alunos que construíam as suas primeiras poesias.

POETA MIRIM

Ver criança e poesia
Em perfeita intimidade
Causa um misto de euforia
Com esperança e saudade.

Enquanto estão aliando
Palavras com sentimento,
Futuro vão desenhando,
E vivendo o seu momento.

Cabe no verso um sorriso,
Sentimentos, emoção.
Em cada linha é preciso
Por também o coração.

E se, rimando, o poeta
Hoje chamado "mirim"
Encontrou a trilha certa,
Seu amanhã não tem fim.

Já aprendeu a sonhar,
Sentir, registrar, crescer.
Tem o mundo a conquistar;
O seu destino é vencer!

Em sua obra tão pura
Reside imenso valor;
Cada linha configura
Linda expressão de amor
Capaz de encher o mundo
De paz, alegria e cor.
Serei fã número um
De cada pequeno autor.
Invadiram minha alma!
São nota mil, com louvor!

Quando se chega ao Natal, cabe sempre enviar uma das mensagens que o coração sempre dita nessa ocasião especialmente festiva.

PORQUE É NATAL

Eu lhe desejo toda a energia
Do velhinho bom, Papai Noel,
Pra mergulhar bem fundo na alegria
Que empresta, à vida, o azul do céu.

Um arco-íris de tão belas cores
Invada sua vida nesse dia.
Não haja espaço pra tristeza e dores;
A festa seja imersa em magia.

Que haverá de ser multiplicada
A cada dia do ano que vem,
Onde ventura, luz, paz desejada,
Se tornem realidade também.

Aos garis que atendiam à rua em que eu residia, e que ofereciam sempre uma grande cordialidade a todos os moradores, dediquei uma mensagem natalina.

FELIZ NATAL, AMIGOS COLETORES

Feliz Natal, heróis da nave mundo
Que tornam sadio o meio ambiente!
Deus recompense o trabalho fecundo!
Chuva ou Sol lhes é indiferente.

Seguem depressa, mas têm um aceno
Com um "Bom dia" a todo cidadão
Que encontrem, e com seu jeito sereno,
Pra sanear as ruas lá se vão!

Que Deus proteja nossos bons amigos,
Os coletores, gente de valor.
Como profissionais sejam queridos
E abençoados neste seu labor.

Eu agradeço o serviço prestado
Com tanto acerto e dignidade.
Papai Noel lhes tenha ofertado
Presente mágico: FELICIDADE.

A época do Natal traz uma linda festa popular, exuberante, e aguardada com grande ansiedade na cidade de Araruama. Vale participar dessa comemoração.

NATAL EM ARARUAMA

Foi no dia vinte e oito
De novembro. Noite linda!
O Natal de Araruama
Nasceu com beleza infinda.

Na abertura do evento,
Sueli foi impecável;
Seu texto alcançou a todos.
Competência admirável!!!

Na Praça Antônio Raposo,
Imersa em beleza e luz,
Toda gente tinha n'alma
A pureza de Jesus.

Uma banda apresentou
Carisma, afinação.
Fez a plateia cantar,
Aplaudir com emoção.

Depois um saxofone
Somou-se ao violão;
Deu um show inesquecível!
Balançou a multidão!

E o "Auto de Natal"
Veio então se apresentar:
Magia, vida, beleza;
Emoção a transbordar.

Seguiu-se a "Orquestra de Flautas".
Logo depois, o coral.
Era a terceira idade,
Com seu valor sem igual.

A essa altura da festa,
O Papai Noel chegou.
Na criançada presente
O coração disparou.

A emoção contagia
Criança de toda idade.
Pequeninos, pais, avós,
Na maior ansiedade!

Papai Noel e família!!!
Lindos! No palco dançaram.
Aquela bela magia
As crianças abraçaram.

A chave da bela casa
Do querido bom velhinho
Foi entregue pela Laura,
Com infinito carinho.

O Papai Noel seguiu
Para sua residência,
Sob uma chuva de neve,
Em uma linda vivência.

Então, Lívia De Chiquinho,
Prefeita de Araruama,
Surgiu entre os populares,
Em meio ao povo que ama.
Ela ganhou mil abraços;
Atendeu cada pedido
Para fotos e filmagens,
Com carinho desmedido.

Lívia quis ser bem discreta!
Personagem importante
Tinha que ser o seu povo,
Lá presente e radiante.

E naquela noite linda,
Vimos a felicidade
Invadir os corações;
Tornar-se realidade.

Quando a bela Araruama
Festeja o seu Natal,
O mundo ganha mais cores;
O bem rufa seus tambores;
A magia é colossal!

A paz se veste da luz
Que linda emoção conduz;
Se espalha em espiral.
Torna-se fácil sentir,
Desejar e repetir
Pra todos: "Feliz Natal!"

Nove de agosto marca a data abençoada do nascimento do meu pai. Se ele estivesse entre nós, seria dia de festa.

ANIVERSÁRIO DO MEU PAI

Meu pai, meu eterno amigo
E luz do meu coração,
Neste seu aniversário
Não há comemoração,
Mas o seu dia registra
Uma enorme emoção.

Tantos anos de ausência!…
Tão infinita saudade!…
Eu só o vejo em meus sonhos;
É luz na realidade.

Foi a bondade atuante;
Foi amor, compreensão.
Até tornar-se saudade,
Chamado na imensidão.

No espaço que hoje habita,
Deus lhe conceda o presente
De todas as Suas bênçãos,
Do seu amor envolvente.

Se possível, pai querido,
Ouça minh'alma dizer:
O amor que lhe dedico
Nunca, jamais vai morrer.

Não lhe ofendo a memória
Com revolta pela morte.
Antes louvo a sua história
E bendigo a minha sorte.
Pude chamá-lo "Meu Pai!"
Tive o melhor grande amigo!
Que a sua lembrança, em paz,
No meu peito ache abrigo.

Até nosso reencontro,
Nos campos da eternidade,
Acato o sobrenome
Que lhe foi acrescentado.
Permeado de verdade,
Esse nome é... SAUDADE.

Herói de Todas as Horas talvez retrate o olhar de muitos filhos e filhas quando, na idade adulta, se voltam aos seus velhos pais com reconhecimento, amor e gratidão.

HERÓI DE TODAS AS HORAS

Eu fui muito abençoada!
Tive o meu pai comigo!
Herói de todas as horas
Que não temia o perigo.

Criança, eu o olhava
E via um gigante forte!
Guerreiro que nos amava;
Herói que veio do norte.

Jovem, eu vi com clareza:
Meu pai era um homem bom!
A sua maior grandeza
Estava em seu coração.
Sempre, a todos, com nobreza,
Sabia estender a mão.

Eu adulta, ele velhinho,
Vi sua dignidade
Oferecer-me o braço,
Seu amor e lealdade.

Caminhando devagar,
Disfarçando alguma dor,
Esteve sempre ao meu lado
Com a luz do seu amor.
Ele amparava, entendia;
Era o bem que reluzia
Até chamá-lo o Senhor.

O meu herói frágil/forte
Partiu, deixou esse mundo.
Que algum anjo lhe reporte
Meu respeito e amor profundo.

Nas Olimpíadas de Tóquio 2020, que em função da pandemia foram realizadas em 2021, os atletas brasileiros destacaram-se, brilhando em suas modalidades. Isaquias Queiroz foi um desses gigantes que nos encheram de orgulho.

ISAQUIAS QUEIROZ, OURO BRASILEIRO

Salve, Isaquias Queiroz!!!
Na canoagem, é o rei!
O mundo sabe; eu sei:
É um homem de coragem;
Tem simpatia, humildade.
Leva sempre na bagagem,
Com pureza e bondade,
Uma linda gratidão.
A todos que o ajudaram,
Carrega no coração.

Ele ganhou a medalha
Pois Deus não dorme, não falha.
O seu amor, sua glória,
Permeada de História,
Escolheu compartilhar
Com famílias enlutadas
Que o vírus quis destroçar.

O seu mestre falecido,
Aquele amigo aguerrido
Que o câncer lhe roubou,
Jamais será esquecido;
No momento da vitória
Ele o homenageou.

Ofereceu à mulher,
À mãe, ao filho, aos irmãos,
E a cada brasileiro,
O resultado dourado
Dos sonhos que não são vãos.
Com ele, o Brasil amado,
Mesmo ainda devastado
Pela cruel pandemia,
Ganhou afagos na alma,

Teve a medalha nas mãos.
No momento de alegria,
Pôde adentrar um oásis
Em tempos de agonia.

O nosso grande Isaquias
Fez todo o bem que podia.
Por nosso povo sofrido
Teve real empatia.

A sua bela atitude
Também revelou virtude
Digna do campeão
Que vence com humildade;
Que age com retidão.

A vitória conquistada
Se veja multiplicada!
Com valores, fé, razão,
O Isaquias Queiroz
É um grande cidadão
Que orgulha, enaltece
A nossa grande nação.
Parabéns ao campeão!

Em 20 de julho, "Dia do Amigo", o meu coração abraça os meus amigos parentes, os amigos virtuais, e os amigos que se tornaram meus irmãos ao longo da vida. Os que chegaram há pouco, e os que trago desde a infância.

A todos ofereço o meu carinho e uma grande, irrestrita e total consideração.

Cada um e todos os meus amigos são tesouros únicos, inestimáveis e insubstituíveis. Eu os amo infinitamente e agradeço o presente da sua amizade.

DIA DO AMIGO

Para você, meu amigo,
Ou minha amiga querida,
Que é o abraço recente
Ou de toda a minha vida,

Desejo paz, luz e bem,
Ventura e felicidade.
Eu lhe tenho grande apreço
E a mais profunda amizade.

Eu desejo que a vida
Lhe sorria grandemente
Com doçura e harmonia
Fazendo estar bem presente
Em cada um de seus dias
Uma alegria envolvente.

Que a grandeza do amor
Pontue a sua estrada
Onde as bênçãos do Senhor
Façam eterna morada.

Feliz Dia do Amigo,
Minha gente tão querida!
Seu afeto faz brilhar
O Sol que aquece a lida.

Seja de longe ou de perto,
Ao seu carinho, decerto,
Eu quero estar reunida;
Ao longo da minha estrada,
Por toda a minha vida.

Em 7 de julho de 2021, a televisão mostrou o desenrolar de um sequestro ocorrido em Angra dos Reis, cidade turística do estado do Rio de Janeiro.

O drama, iniciado após assalto em uma loja, ganhou as ruas do centro da cidade.

Uma jovem esteve rendida, com uma arma encostada na cabeça, enquanto era arrastada por um homem que a mantinha refém, e se deslocava com ela, pelas ruas, em meio aos olhares curiosos da população. Os gritos, lamentos, súplicas e choro da vítima, faziam ainda mais tocante a ocorrência.

Os policiais seguiam a dupla bem de perto; tentavam acalmar a vítima e o sequestrador. Buscavam, insistentemente, fazer o homem desistir, liberar a moça e se entregar.

Do início à conclusão, esse drama da vida real foi mostrado nas telas da tevê.

SEQUESTRO EM ANGRA DOS REIS

Hoje, em Angra dos Reis,
Triste flagrante da vida:
Um assalto fracassado
E uma jovem rendida.

Arrastada pelas ruas,
Em sequestro inusitado,
A moça ouviu do homem
Que o fim dela era chegado.

Policiais valorosos
Seguiam tudo, de perto.
A vítima protegiam
De um qualquer mal incerto.

Porém, o rapaz armado
Recusou negociar.
Cada vez mais violento,
Ameaçava matar
A jovem que já não tinha
Forças pra continuar.

Como o empenho envidado
Não trouxesse a solução,
E o homem irredutível
Pra jovem fosse um perigo
Em crescente ebulição,
Não restou outra opção.

O tiro que se evitava
Libertou a sequestrada
Que claramente estava
Sob total exaustão

Física, emocional,
Resultante da pressão
Que o homem lhe impunha
Sem demonstrar compaixão.

Uma vida inocente
Havia sido poupada.
Após longa tentativa
De manter assegurada
A vida do agressor.
Mas esta, infelizmente,
Não pôde ser resguardada.

Em um trabalho conjunto,
A Polícia Militar
E a Polícia Civil
Agiram para salvar
A vida que foi possível,
Após por ambas lutar.

Liberta, a sequestrada,
Desesperada, a chorar,
Pôde enfim ser resgatada
Para voltar ao seu lar
Onde a família enlevada
Por certo a vai confortar.

Deus proteja os inocentes
E os bons policiais
Que seguem diariamente
Arriscando suas vidas
Para salvar as demais.

Deus Pai conforte as famílias;
Nelas Se faça presente
E sempre conforte a dor
Da perda de algum ente.

Que ELE faça a bondade
Um dia invadir o mundo
Usando armas de paz,
Canhões de amor profundo.
Sementes de amor e bem
Encontrem solo fecundo .

"Aniversário de Mãe" conta um pouquinho do muito que foi a minha rainha. São lembranças que voam, como balões coloridos, nessa data onde caberia sempre a mais linda festa.

Ela merecia tudo de bom e de belo que o mundo pudesse comportar e oferecer.

ANIVERSÁRIO DE MÃE

Hoje é aniversário
Da minha mãe tão querida;
O anjo que me deu tudo,
A começar pela vida.

Nasci muito doentinha,
Parecendo não ter chance…
Mas não existe vitória
Que amor de mãe não alcance.

Assim, logo, eu criança,
Feliz, sã e tagarela,
Pintava o teu mundo, mãe,
Em colorida aquarela
Onde o sorriso materno
Foi sempre a obra mais bela.

Os outros filhos chegaram;
Ela se multiplicou.
Todos eles desfrutaram
Do bem que ela ofertou;
A sua mão os guiou.

Crescemos com diretrizes,
Regras, amor e firmeza.
Conhecemos os matizes
Da infinita beleza
Que faz coração de mãe
Perfeito em sua grandeza.

Os filhos crescem e, adultos,
Se afastam, soltam a mão
Da mãe que os abençoa.
Mas sabem: não foi em vão

Que a encontraram na Terra.
Vão tê-la no coração
Quando ela for a saudade
Que brilha na imensidão.

Escolhi tê-la ao meu lado,
E amei cada segundo
Em que a pude abraçar.
Era nosso o meu mundo!

Quando fui mãe descobri
Que a teria presente
Quando o netinho sorrisse
Ou se ficasse doente.
Sua força, fé e garra,
Eram rotina vigente.

Um mudo afeto eloquente
Devotado à sua gente
Fazia da minha mãe
Esse anjo diferente.

Eu a vi envelhecer;
Tornou-se frágil, fraquinha.
De alguns males padecia,
Mas lutava, resistia.
Era a minha mãezinha.
Eu queria ter comigo,
Pra sempre, a minha rainha.

Hoje ela está distante,
Mas sempre perto de mim.
Tornou-se luz radiante,
Pura, bela e sem fim.

Reside nas belas flores,
Que já foram seus amores,
E moram no meu jardim.
No mar que beija a areia,
No Sol que o mundo clareia;
No bem que a vida permeia
E nos faz seguir assim.

Eu na Terra, ela no céu,
Enquanto não cai o véu
Que nos separa agora.
Desejo estar ao seu lado
Pela eternidade afora.

Aos meus parentes e amigos que deixaram a Terra antes de mim, dedico uma prece, um poema, e o infinito amor que lhes consagro hoje e sempre.

DIA DOS FINADOS

Hoje é dia dos finados.
Quem já perdeu um alguém
Tem pensamentos voltados
A eles e a Deus também.

Acariciar lembranças,
Oferecer homenagem,
Elevar sincera prece,
Ajuda a criar coragem.

Coragem para seguir
Caminhando pela vida;
Superando a dura perda
De uma pessoa querida.

Tenho pais, tios, cunhados,
Irmãs, neto; mais parentes
E amigos também amados
Que hoje me são ausentes.

A cada um e a todos
Dedico minha oração.
Respeito, amor e saudade
Invadem meu coração.

Sentimentos de verdade
Vão além da eternidade;
Ecoam na imensidão.
Superam o fim da vida.
Não há forma conhecida
De lhes causar extinção.

No dia que deveria afagar todas as mães, dedico o meu carinho àquelas que foram lembradas, muito homenageadas, abraçadas e beijadas com o mais profundo e merecido amor.

Às mães que foram esquecidas, talvez até excluídas nessa data que é sua, desejo que o universo corrija logo esse erro, e que no próximo ano elas estejam, com os seus filhos, imersas em total e perfeita ventura.

DIA DE TODAS AS MÃES

Pra toda mãe deste mundo,
Nesse dia que é seu,
Chegue o amor mais profundo
Que alguém já conheceu.

E, seja mãe biológica,
Seja mãe de coração,
Tenha um, dois, muitos filhos,
Receba sem distinção
Todas as bênçãos divinas,
Carinho, paz, gratidão.

E haja felicidade
Pra toda mãe no seu dia,
Mesmo que a realidade
Há tempos não lhe sorria.
Mãe é a fonte sagrada
Do bem maior que irradia.

Às vezes, eu me permito falar da minha mãe tão amada e inesquecível, na esperança de que o belo coração dela, que agora é etéreo, continue sabendo ler perfeitamente o meu.

ILMA, AMADA MÃE

Na minha alma que habitas
Por toda essa minha vida,
Encontre em forma de prece
O meu amor, mãe querida.

Cumpriste linda missão!
Não foi fácil! Nem podia…
Ser mãe para doze filhos
Exige quase magia,
E grande sabedoria.

Multiplicar os teus olhos,
Braços, pernas, coração,
Foi exigência cumprida
Com a maior perfeição.

Doze seres diferentes!
A cada um, o legado
Resultante de ser único
No teu amor, teu cuidado.

Se não mais posso abraçar
A luz do bem no teu ser,
Que eu saiba valorizar,
Reconhecer, recordar,
E sempre agradecer
Os anos, cada segundo
Que juntas pudemos ter.

Mãe amada, mãe querida,
Deus te guarde com carinho.
Haja flores, luz, amor
No teu celeste caminho.

Hoje, a tua saudade
É um presente; é guarida.
Me diz que Mãe de verdade
Não morre nem na partida.

Vira estrela, continua
Pra sempre a melhor amiga.
E ilumina a jornada,
Mesmo que distanciada.
É luz na eternidade;
É bênção maior na vida.

Em 24 de dezembro de 2021, véspera da grande data comemorativa do Natal, a lembrança de um fato, ocorrido no passado já distante, acenou-me com todas as cores de uma gostosa nostalgia.

Há lembranças que nos alegra afagar. Essa é uma delas.

UM NATAL MUITO DISTANTE

Eu tinha feito dez anos
E me cabia saber
Que o bom Papai Noel
Cumprira o seu dever;
Fora sempre o meu pai,
Querendo nos proteger
Do roubo de qualquer sonho
Que pudesse oferecer.

Mas nem sempre me chegava
O presente escolhido.
Por vezes, Noel trocava
Mas atendia o pedido.

No ano em que pedi
Uma nave espacial,
Ganhei! Ilustrava a história
Cativante, colossal,
Que recebi em um livro…
Os pedidos, afinal,
Passavam por algum crivo,
O que era um bom sinal.

Assim como os adultos,
Não mais vou ser contemplada
Por Noel, o bom velhinho?
Vi-me importante, agitada,
Com mamãe fui ao comércio
Comprar o meu presentinho.

Vinte e quatro de dezembro!…
Os dias tinham voado!
Cada detalhe eu me lembro;
Quero ter sempre guardado.

Pelas lojas de brinquedo
Fui ouvindo negativas:
O joguinho que eu queria,
Coqueluche do momento,
Esgotara; não havia.

Vendedor, com argumento,
Sugeria outro brinquedo
Que não me satisfazia.
Eu até analisava…
Saía de mão vazia!

Não era o fim do mundo!
Minha mãe fazia ver,
Com seu afeto profundo:
Eu precisava entender
Que ventura não reside
Em um ou noutro joguinho!
Antes, mora num abraço
Terno, cheio de carinho.

Foi assim que, amuada,
Escolhi algum presente.
Lamentava que, esgotado,
O joguinho cobiçado
Fosse um "tesouro ausente",
Um dissabor consistente.

Retornando para casa,
Com nossa missão cumprida,
Levando a bela caixa
Com carinho escolhida,
Olhando pela janela,
Surgiu marcante visão
Que tomou nossa atenção.

Vimos uma garotinha
Descalça e sorridente,
Curtindo a chuva fininha
Com alegria envolvente.

Ela estava na calçada,
Parecia tão sozinha!...
Era imagem da ternura,
Da mais bela intensa luz.
Coisa de criança pura;
Um bem que não se traduz.

O veículo, parado,
Obedecia ao sinal
Vermelho, que lhe diz: "pare!"
Eu entendi, afinal.
Vi-me gente, de verdade!
Consultei a mamãezinha;
Ela aprovou a vontade
Que, percebeu, era minha.

Abri depressa a janela
Ofereci meu presente.
Que a bela garotinha
Recebeu alegremente.

Disse-lhe "Feliz Natal!"
E me senti tão contente!!!...
Regalo que chega à alma
É sempre mais contundente.

Ventura grande, a que importa,
Mamãe disse, com razão,
Se lhe abrimos a porta,
Nos invade o coração!

O veículo partiu.
Sumiu, entre a multidão,
A querida garotinha,
Um anjo de mansidão,
Que me ensinou a grandeza
Da singela emoção

Me fez descobrir beleza
Em ver no outro um irmão
Que se deseja afagar
Com a mais terna afeição.

Chegando em casa, peguei
O caderno de poesia.
Foi nele que registrei
O resumo do meu dia.

Numa trovinha narrei,
Do jeito que entendia,
A aula que recebera
Plena de bem, de magia:

"Assim, coberta de trapos,
Sorrindo, de pés no chão,
O teu sorriso, menina,
Deu-me uma grande lição!"

Milhares de outras trovas,
De fato, já escrevi.
Mas essa, feita aos dez anos,
Foi a que não esqueci.

A poesia "CONFIANÇA" explica um pouquinho de como eu vejo o mundo; de como eu ajo e sinto.

Há muito do outro em mim. Cada alguém, que eu encontrei pelo mundo afora, me deixou a sua marca, sua contribuição. A todos eu agradeço, do fundo do coração.

CONFIANÇA

Há quem mostre o seu sorriso;
Exiba a sua paixão,
Ou mil notícias divulgue
Com perfeita exatidão.

Eu nunca vou passar perto
De alguma perfeição.
Sou humana e não busco
Uma qualquer distinção.

Mas descerrei as cortinas
Com amor, sem pretensão.
Ousei mostrar minha alma;
Expus a minha emoção.
Devassei meus sentimentos
Sem filtrar os pensamentos,
Sem consultar a razão.

Ter confiança no outro,
Ver no próximo um irmão,
Me fez destrancar a porta
Do meu velho coração.

Então, fique à vontade
Para entrar sem discrição.
Encontre nova amizade;
Tome posse da afeição.

E se alguém perguntar
O que me faz confiar
Até em quem não conheço,
Com prazer vou explicar:

Toda via de mão dupla
Precisa ter um começo.
Como ponto de partida,
Todos merecem apreço.
A confiança que oferto
É a mesma que mereço.

9 7 9 8 4 3 7 1 4 6 5 4 5